Frases y cuentos para
colorear y pensar de

Jorge Bucay

PONLE COLOR
A TU VIDA

OCEANO

Prólogo

Siempre hay momentos en los que todo parece ser más costoso o más difícil y otros en los cuales las cosas fluyen con sencillez y casi sin esfuerzo.

Siempre hay momentos en los que todo cuesta demasiado, son periodos en los que la realidad parece conspirar contra nosotros y que alternan con otros, quizá más breves, donde pareciera que el universo sincroniza con nuestros deseos.

Siempre hay momentos de mucho trabajo y pocos resultados, que dejan lugar a logros que creemos que no nos hemos ganado.

Esta alternancia se aprende irremediablemente a lo largo de la vida y, salvo algunos empecinados, todos aprendemos a convivir con estas dos caras de nuestra eficacia en todos los terrenos: familia, trabajo, desarrollo personal...

Lo que parece más difícil de aceptar es nuestra complicidad ineludible con estos momentos gloriosos y con aquellos más oscuros.

Hace mucho, un paciente llegó a mi consultorio diciéndome que su vida se le antojaba a veces como una terrible y empinada cuesta que debía escalar día tras día.

Para ayudarlo a recordar que él no era ajeno a su sino, escribí para él este relato en forma de poema que alguna vez publiqué en mi libro *Cuentos para pensar*:

Voy andando por un sendero.
  Dejo que mis pies me lleven.
  Mis ojos se posan en los árboles, en los pájaros, en las piedras.
  En el horizonte se recorta la silueta de una ciudad.
  Agudizo la mirada para distinguirla bien.
  Siento que la ciudad me atrae.
  Sin saber cómo, me doy cuenta de que en esta ciudad puedo encontrar todo lo que deseo.
  Todas mis metas, mis objetivos y mis logros.
  Mis ambiciones y mis sueños están en esa ciudad.
  Lo que quiero conseguir, lo que necesito, lo que más me gustaría ser, aquello a lo cual aspiro, lo que intento, por lo que trabajo, lo que siempre ambicioné, aquello que sería el mayor de mis éxitos.
  Me imagino que todo eso está en esa ciudad.
  Sin dudar, empiezo a caminar hacia ella.
  A poco de andar, el sendero se hace cuesta arriba.
  Me canso un poco, pero no importa.
  Sigo.
  Diviso una sombra negra, más adelante, en el camino.
  Al acercarme, veo que una enorme zanja impide mi paso.
  Temo... dudo.
  Me enoja que mi meta no pueda conseguirse fácilmente.
  De todas maneras decido saltar la zanja.
  Retrocedo, tomo impulso y salto...
  Consigo pasarla.

Me repongo y sigo caminando.

Unos metros más adelante, aparece otra zanja.

Vuelvo a tomar impulso y también la salto.

Corro hacia la ciudad: el camino parece despejado.

Me sorprende un abismo que obstaculiza mi camino.

Me detengo.

Imposible saltarlo.

Veo que a un costado hay maderas, clavos y herramientas.

Me doy cuenta de que están allí para construir un puente.

Nunca he sido hábil con mis manos...

Pienso en renunciar.

Miro la meta que deseo... y resisto.

Empiezo a construir el puente.

Pasan horas, o días, o meses.

El puente está hecho.

Emocionado, lo cruzo.

Y al llegar al otro lado... descubro el muro.

Un gigantesco muro frío y húmedo rodea la ciudad de mis sueños...

Me siento abatido...

Busco la manera de esquivarlo.

No hay caso.

Debo escalarlo.

La ciudad está tan cerca...

No dejaré que el muro impida mi paso.

Me propongo trepar.

Descanso unos minutos y tomo aire...

De pronto veo, a un costado del camino, a un niño que me mira como si me conociera.

Me sonríe con complicidad.

Me recuerda a mí mismo... cuando era niño.

Quizá por eso me animo a expresar en voz alta mi queja:

—¿Por qué tantos obstáculos entre mi objetivo y yo?

El niño se encoge de hombros y me contesta:

—¿Por qué me lo preguntas a mí? Los obstáculos no estaban antes de que tú llegaras... Los obstáculos... los trajiste tú.

Y esto es así para todos y no sólo en cuanto a las complicaciones.

Una de las grandes decepciones de los más jóvenes es la confirmación de que la vida no es como ellos se la imaginaban y lo que sucede en sus vidas no se asemeja a la realidad de los cómics, ni a los dibujos de aventuras fantásticas de Disney, ni a las pasiones románticas filmadas en Hollywood.

Alguna vez, hablando de tedio y de rutinas con mis hijos les di la mala noticia:

—La vida... —les dije, con dolor y consciencia de la decepción implícita—, la vida no es un arcoíris multicolor fosforescente. La mayoría del tiempo la vida se pinta de colores menos espectaculares: rosas pálidos, celestes pastel, ocres opacos y una vasta gama de grises.

Pero siempre agregaba:

—No obstante, hijos queridos, hay una buena noticia: cada uno puede tomar la decisión de pintar con sus colores favoritos su existencia y tomarse el trabajo cotidiano de hacerlo.

Este libro es un símbolo y un recordatorio de aquel burdo consejo, que sólo intenta recordarte que es tu responsabilidad ponerle color a tu vida.

Jorge Bucay

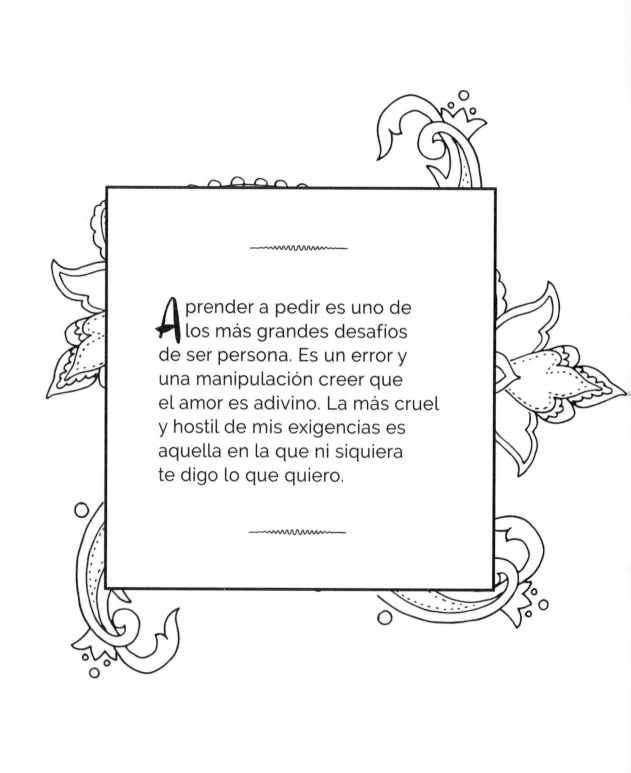

Aprender a pedir es uno de los más grandes desafíos de ser persona. Es un error y una manipulación creer que el amor es adivino. La más cruel y hostil de mis exigencias es aquella en la que ni siquiera te digo lo que quiero.

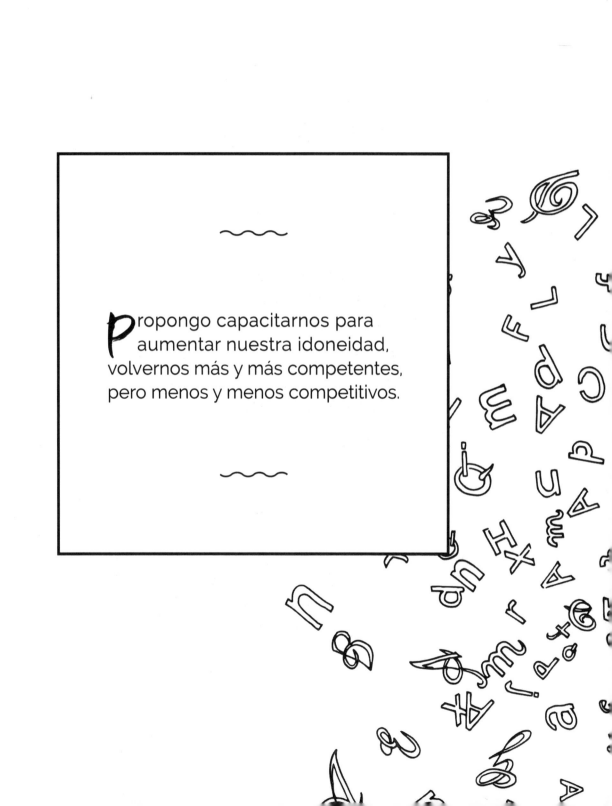

~

Propongo capacitarnos para
aumentar nuestra idoneidad,
volvernos más y más competentes,
pero menos y menos competitivos.

~

La realidad no es como a mí
me convendría que fuera.
No es como debería ser.

No es como me dijeron que iba
a ser. No es como fue. No es
como será mañana.

La realidad es como es.

Anímate a abrir los ojos a las nuevas puertas.

Y, sobre todo, cuando estés frente a ellas, anímate a girar el picaporte y avanzar.

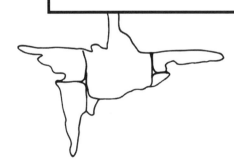

La vida es un delicado equilibrio impredecible.

No alcanza con dejarse llevar por la ola, porque no todas las olas te acercan al puerto.

Navegar es una mezcla de arte y entrenamiento: nadie nace sabiendo hacerlo y para aprender es imprescindible estar dispuesto a correr el riesgo de algunas caídas y no pocos chapuzones…

Tener la capacidad de reírse de uno mismo es casi condición para poder gozar de algunas de las extrañas y absurdas cosas que nos suceden.

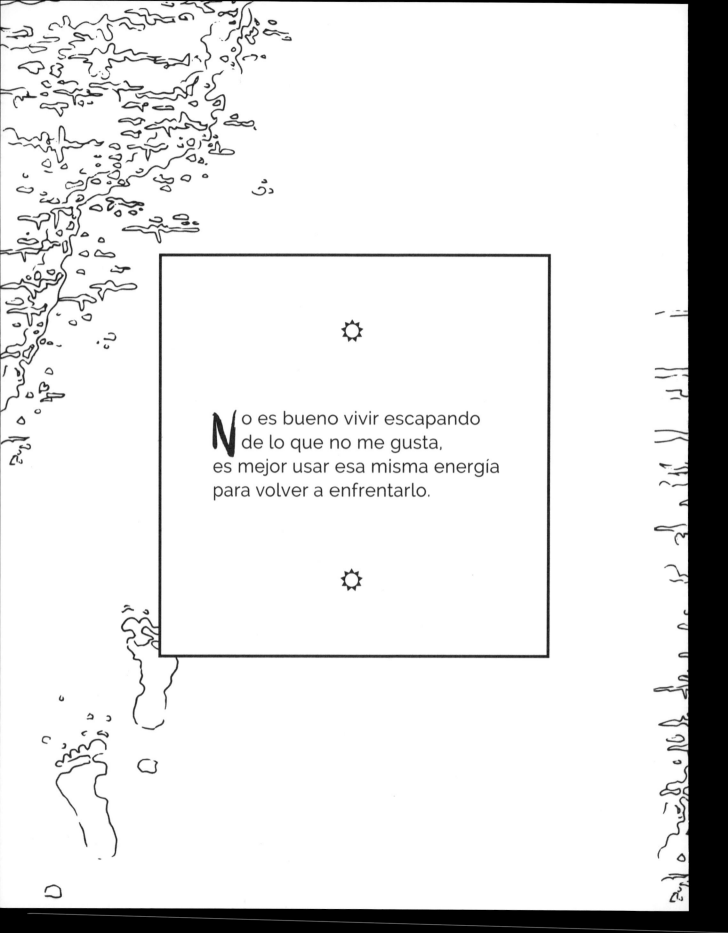

No es bueno vivir escapando
de lo que no me gusta,
es mejor usar esa misma energía
para volver a enfrentarlo.

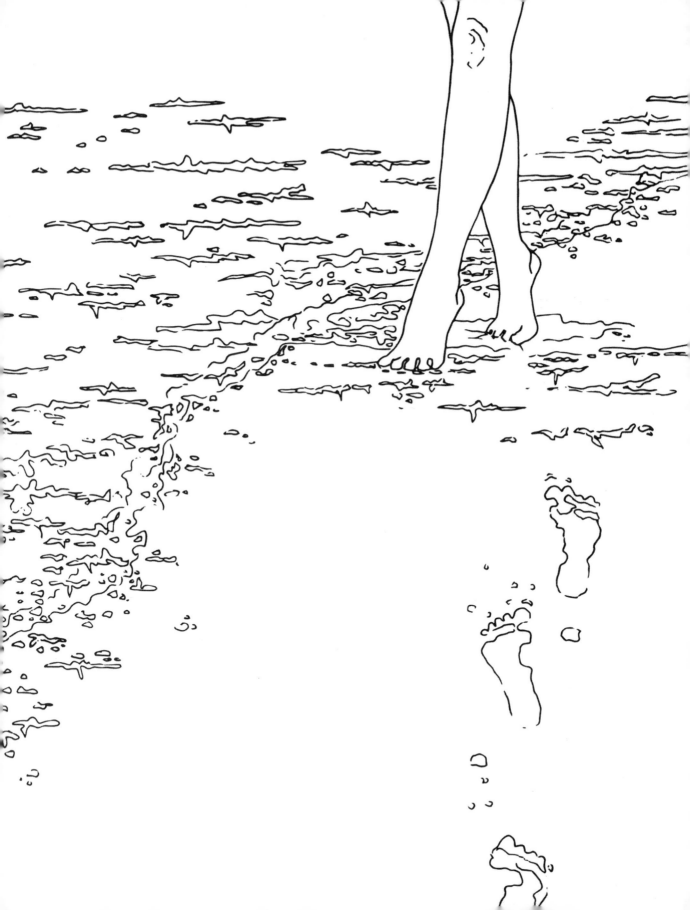

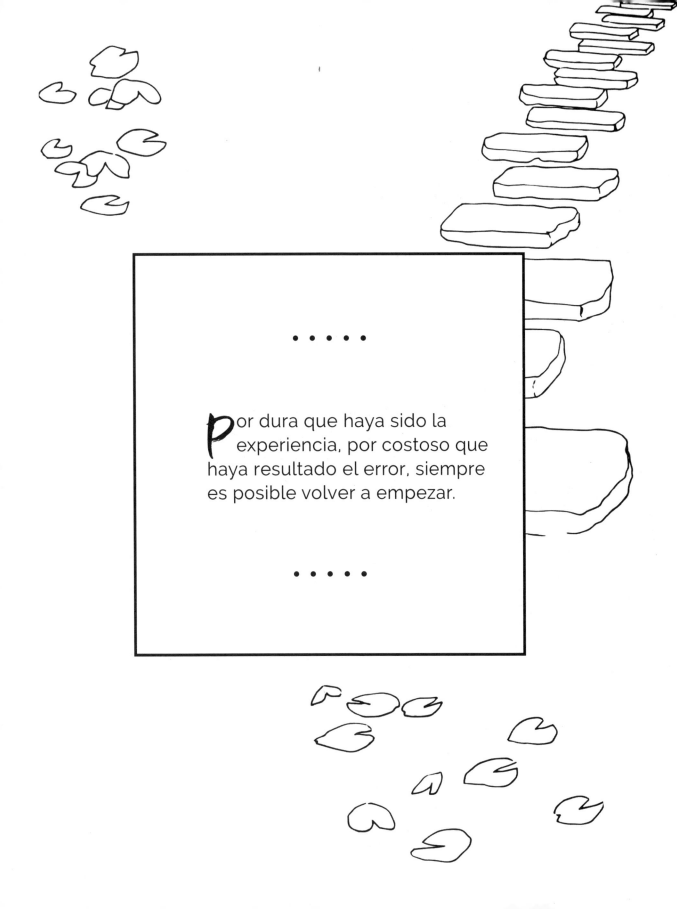

Por dura que haya sido la experiencia, por costoso que haya resultado el error, siempre es posible volver a empezar.

Hubo una vez un necio que era sordo. Él siempre creyó que los que danzaban estaban locos. Lo creía por necio, no por sordo.

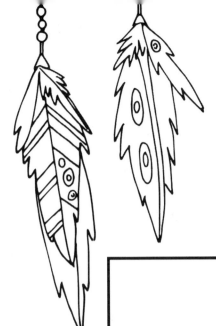

Aférrate a tus sueños. No permitas que te abandone el buen humor.

No te olvides de ser agradecido. Porque la suerte rara vez se acerca a los que abandonan sus sueños… o a los amargados… o a los desagradecidos.

Cuando la magia se hace presente, el encuentro sucede; o al revés, cuando el encuentro sucede, la magia se hace presente.

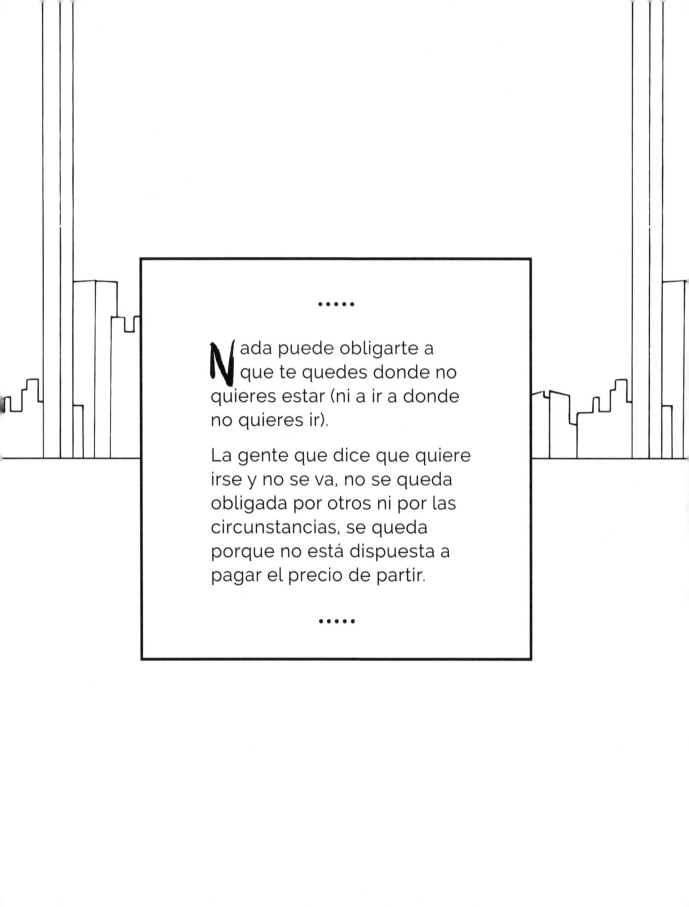

·····

Nada puede obligarte a que te quedes donde no quieres estar (ni a ir a donde no quieres ir).

La gente que dice que quiere irse y no se va, no se queda obligada por otros ni por las circunstancias, se queda porque no está dispuesta a pagar el precio de partir.

·····

Un buscador es alguien que busca, no necesariamente alguien que encuentra.

Tampoco es alguien que, necesariamente, sabe qué es lo que está buscando. Es simplemente alguien para quien su vida es una búsqueda.

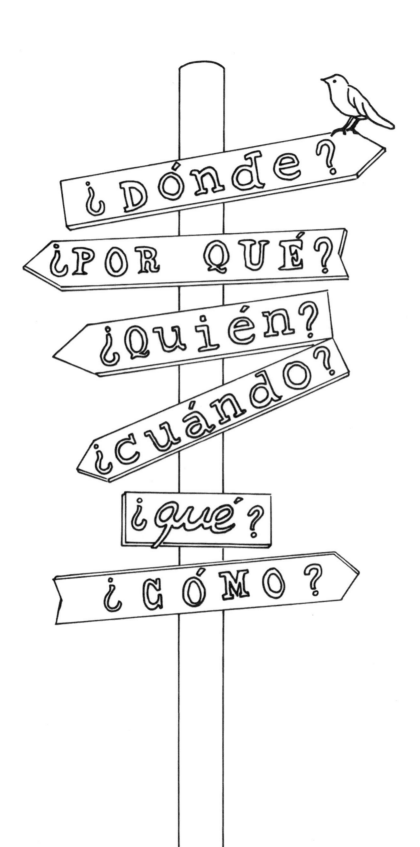

Te encuentro…
Te escucho…
Te hablo…
Te abrazo…
Te beso…
Te tengo…
Te aprieto…
Te atrapo…
Te absorbo…
Te asfixio…
¿Te quiero?

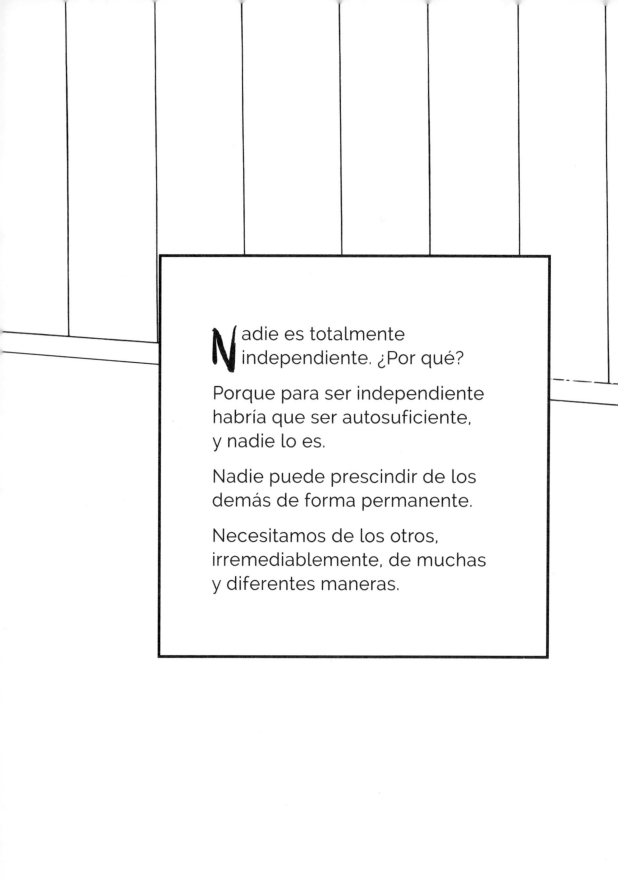

Nadie es totalmente independiente. ¿Por qué?

Porque para ser independiente habría que ser autosuficiente, y nadie lo es.

Nadie puede prescindir de los demás de forma permanente.

Necesitamos de los otros, irremediablemente, de muchas y diferentes maneras.

La más grande de las locuras es hacer siempre lo mismo y pretender que el resultado sea diferente.

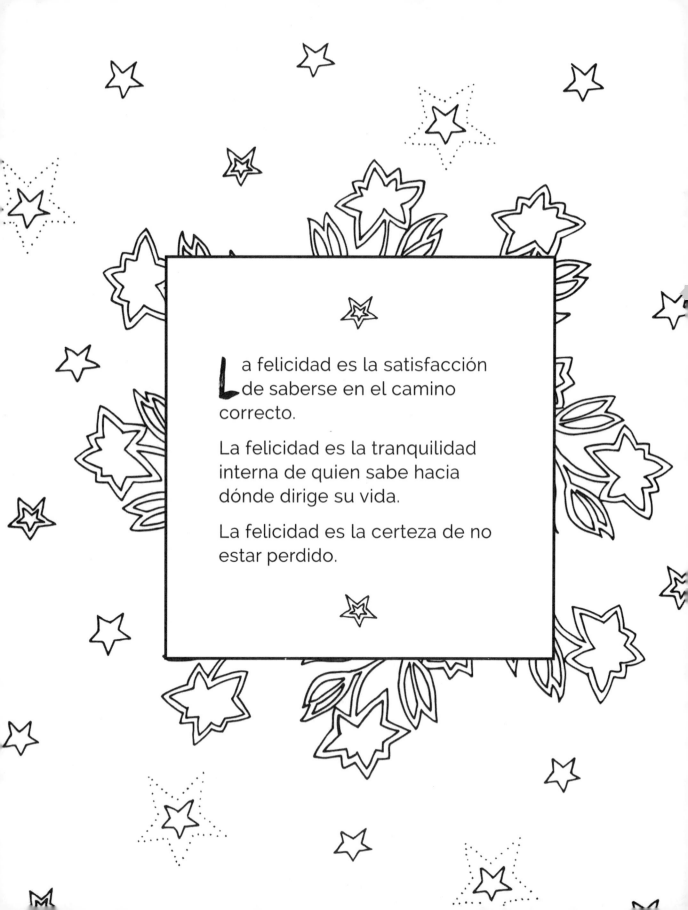

La felicidad es la satisfacción de saberse en el camino correcto.

La felicidad es la tranquilidad interna de quien sabe hacia dónde dirige su vida.

La felicidad es la certeza de no estar perdido.

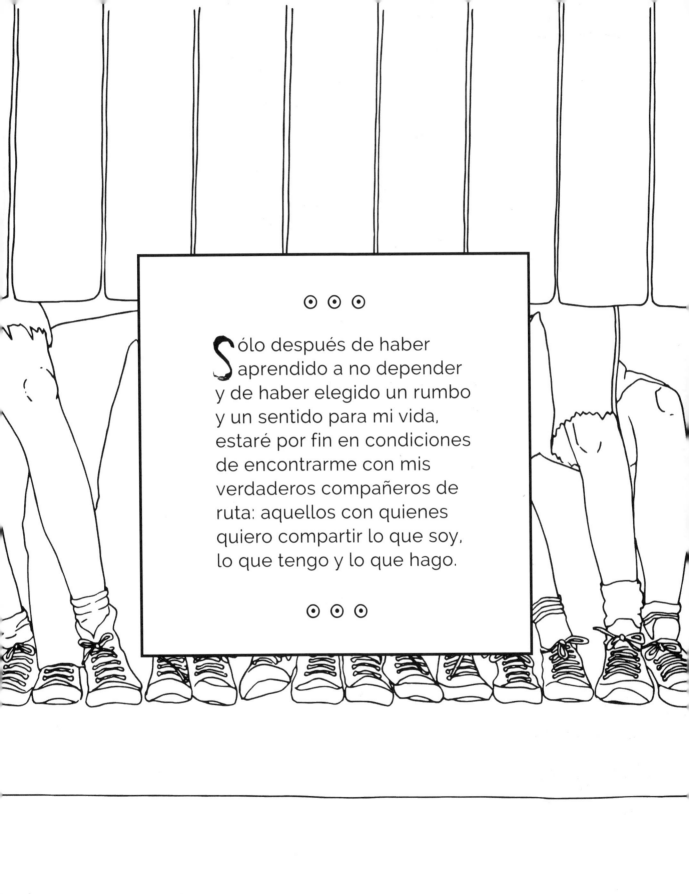

⊙ ⊙ ⊙

Sólo después de haber
aprendido a no depender
y de haber elegido un rumbo
y un sentido para mi vida,
estaré por fin en condiciones
de encontrarme con mis
verdaderos compañeros de
ruta: aquellos con quienes
quiero compartir lo que soy,
lo que tengo y lo que hago.

⊙ ⊙ ⊙

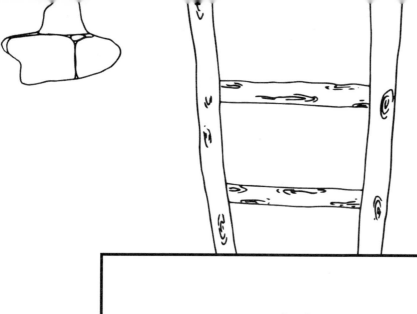

R elaciónate con la posibilidad de cambio.

Desarrolla un buen caudal de autoestima.

Nunca desprecies los pequeños logros.

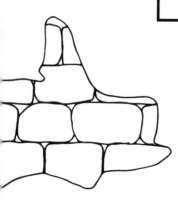

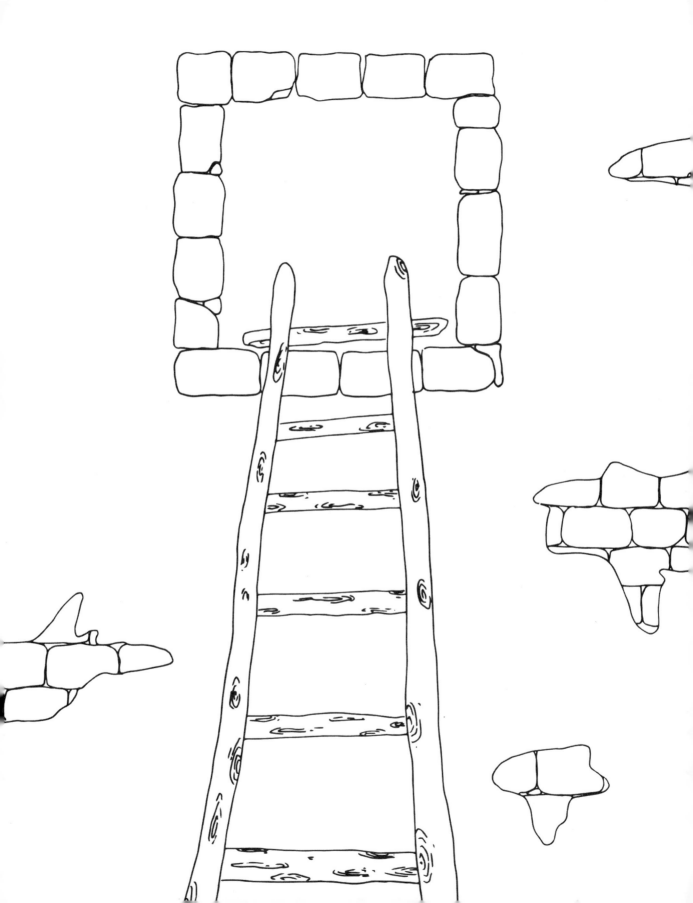

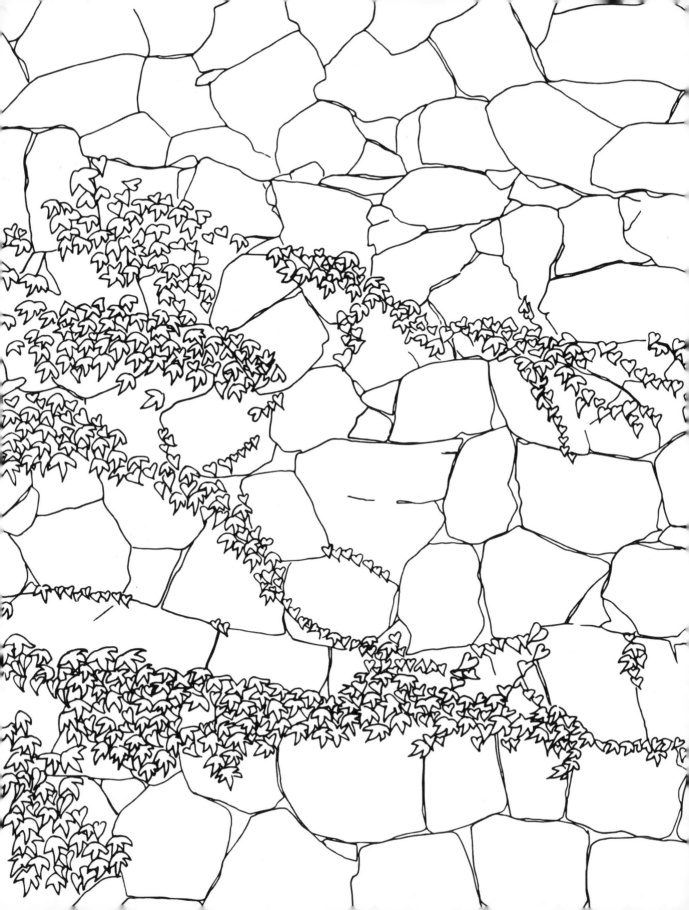

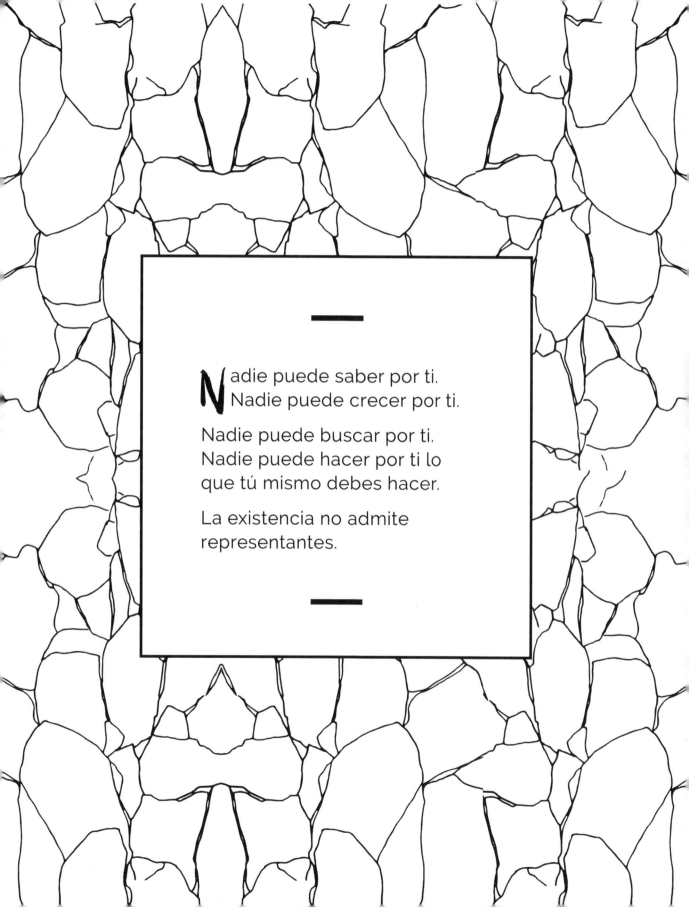

—

Nadie puede saber por ti.
Nadie puede crecer por ti.

Nadie puede buscar por ti.
Nadie puede hacer por ti lo
que tú mismo debes hacer.

La existencia no admite
representantes.

—

Vivir "de verdad" significa, precisamente, dejar atrás todos los personajes que he creado para complacer a otros.

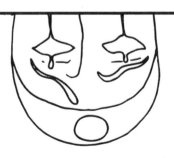

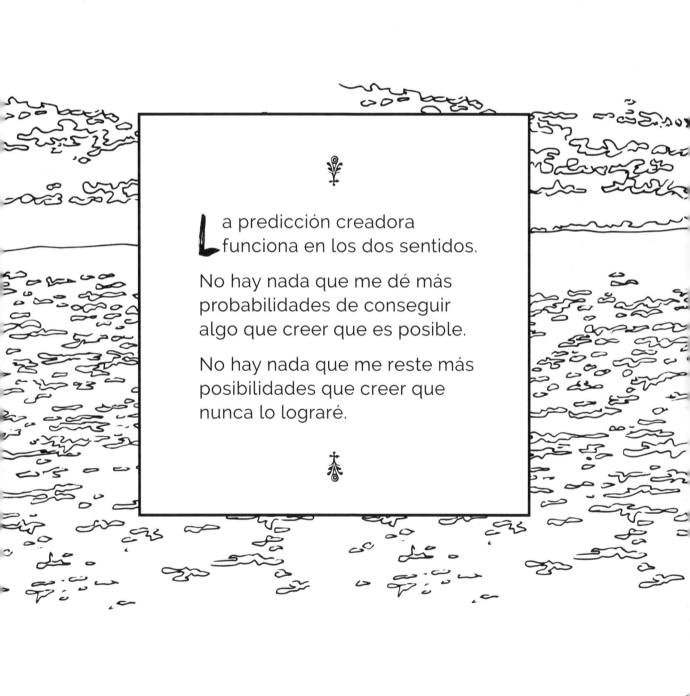

La predicción creadora funciona en los dos sentidos.

No hay nada que me dé más probabilidades de conseguir algo que creer que es posible.

No hay nada que me reste más posibilidades que creer que nunca lo lograré.

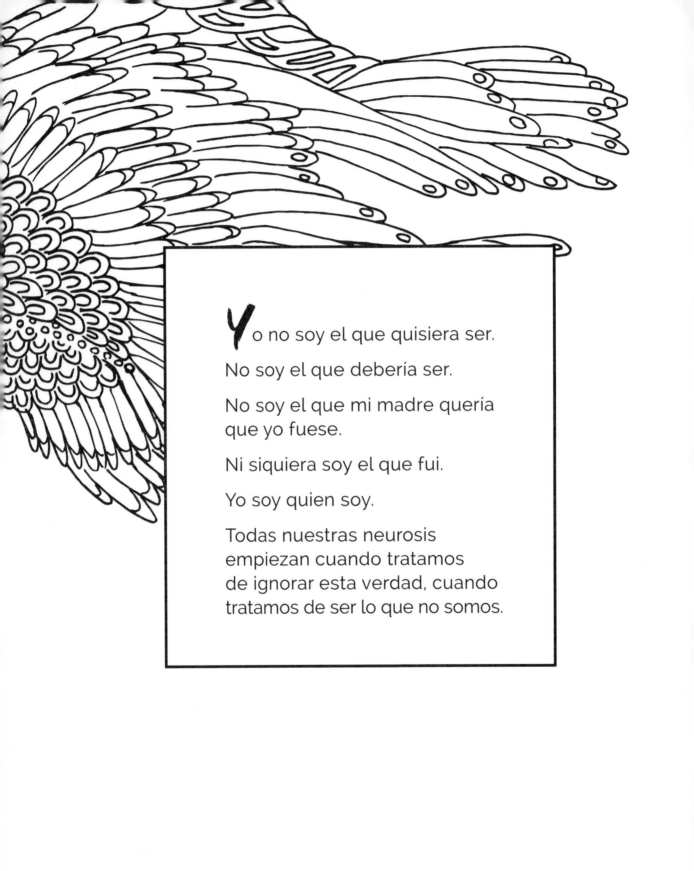

Yo no soy el que quisiera ser.

No soy el que debería ser.

No soy el que mi madre quería
que yo fuese.

Ni siquiera soy el que fui.

Yo soy quien soy.

Todas nuestras neurosis
empiezan cuando tratamos
de ignorar esta verdad, cuando
tratamos de ser lo que no somos.

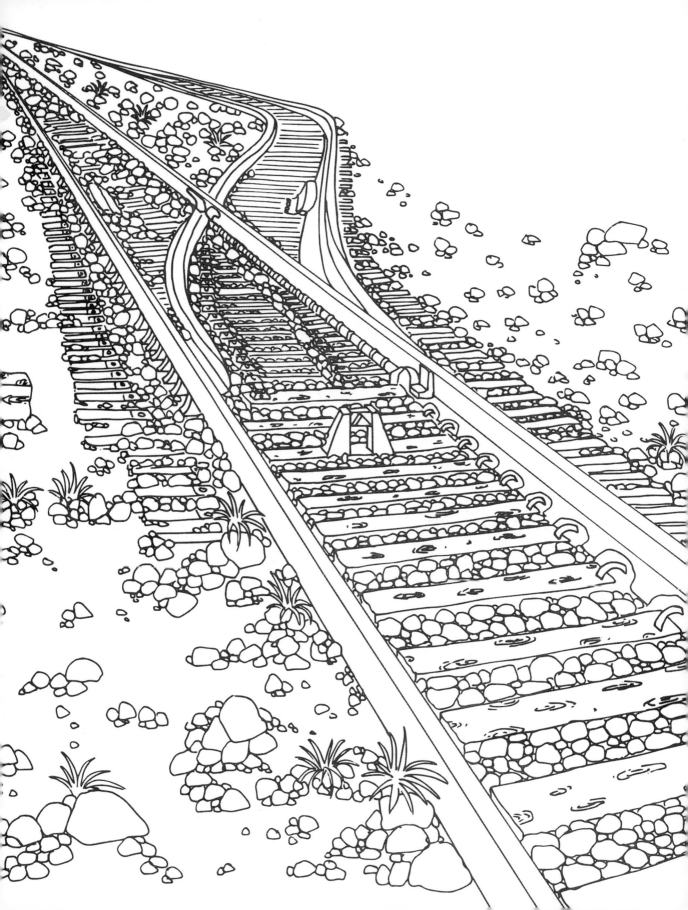

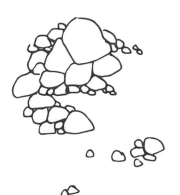

*C*uando decimos: "No tuve otro remedio", "Yo no soy responsable de esto", "No tenía otra posibilidad"… mentimos.

Nos guste o no, siempre estamos eligiendo. Aun cuando elegimos creer que no tuvimos elección.

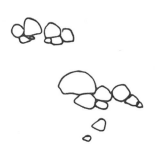

Las semejanzas llevan a que nos podamos juntar.

Las diferencias hacen que nos sirva estar juntos.

❋❋❋

Quiero que conozcas las cosas
mías que más te disgusten,
las aceptes y no pretendas cambiarlas...

❋❋❋

♡

Ahora que sé que no es cierto
que se ama una sola vez
en la vida,

ahora que sé que el amor no
siempre es para siempre,

ahora que sé que los que amo
podrían haber dejado de amarme
o dejarme de amar mañana...

Ahora... valoro más que sigas
conmigo.

♡

Hay dos alternativas:
una que llamo estar solo
y otra que llamo sentirse solo.

La diferencia es la medida en
la cual soy suficiente compañía
para mí mismo.

Ser feliz no quiere decir
necesariamente estar alegre,
sino vivir la serenidad que
me da saber que estoy en el
camino hacia aquello que le da
sentido a mi vida.

Un camino en el que disfrutar
es un rumbo y no una meta.

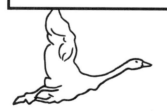

Quiero, como tú y como todos, estar con alguien que sea capaz de respetar mis tiempos y mis elecciones.

Alguien que disfrute de mi compañía sin pretender ponerme en la lista de sus posesiones.

🔲🔲

Porque nunca trato de ser
lo que no soy.

Porque admito ser la parte
y no el todo.

Porque soy muchas cosas
y una sola.

Porque no soy más de lo
que soy.

Pero tampoco menos.

🔲🔲

Es imprescindible desarrollar la habilidad de desear sin quedarse atrapado en el deseo; es necesario querer sin aferrarse como si de aquello dependiera tu vida.

En pocas palabras, es fundamental aprender a soltar antes de tener.

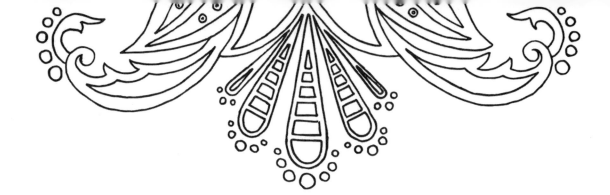

*C*asi siempre puedo elegir entre cantidad y calidad. La cantidad la encuentro relacionada con el esfuerzo. Cuando trato, cuando intento, cuando me presiono, cuando me obligo, cuando me impongo… entonces, te doy más… quizá mucho más, pero no te doy lo mejor.

Lo mejor de mí, lo más bello de mí, lo más constructivo de mí… es lo que quiero darte, lo que me surge sin esfuerzo. Porque la calidad está en relación con el deseo.

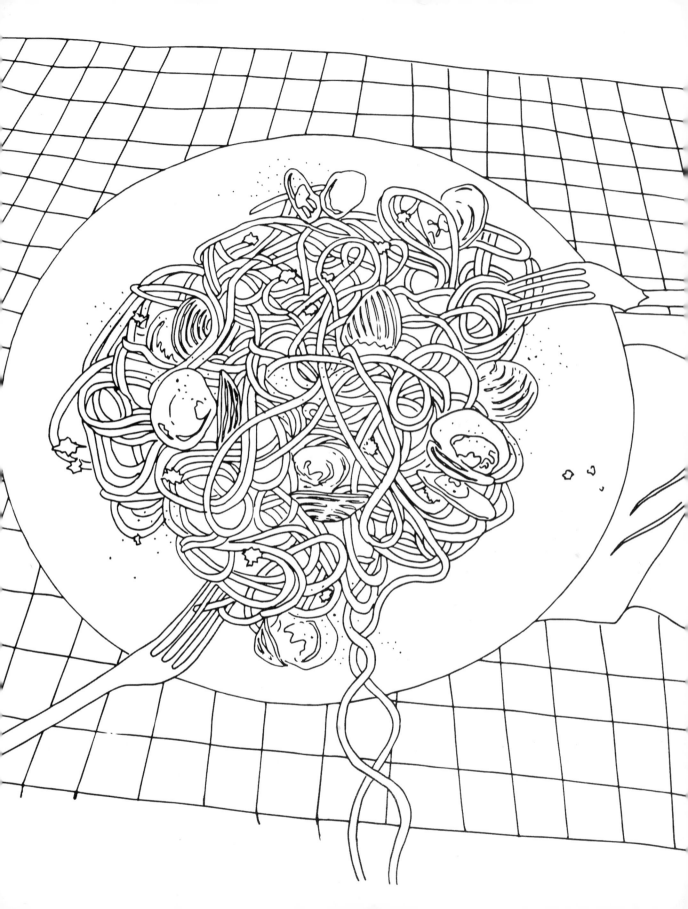

Hay situaciones en las que la
"posibilidad" de un acuerdo
"no es posible".

¿Qué hacer entonces? Habrá
que aprender a acordar
el desacuerdo.

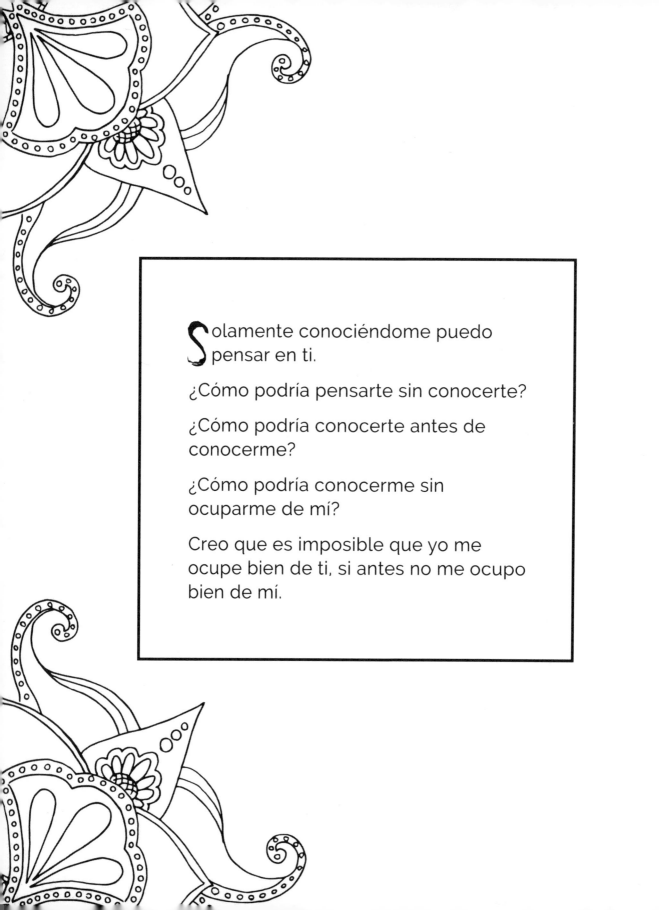

Solamente conociéndome puedo pensar en ti.

¿Cómo podría pensarte sin conocerte?

¿Cómo podría conocerte antes de conocerme?

¿Cómo podría conocerme sin ocuparme de mí?

Creo que es imposible que yo me ocupe bien de ti, si antes no me ocupo bien de mí.

Apuesto con todo mi corazón por nosotros.

Pero si vas a forzarme a elegir… entre tú y yo… yo.

✳✳✳

Ninguna felicidad se puede
obtener de escapar,
y mucho menos si la huida es
hacia el pasado.

✳✳✳

Tú eliges hacia dónde y tú decides hasta cuándo, porque tu camino es un asunto exclusivamente tuyo.

No hago cosas por ti y por eso no me debes nada.

No haces cosas por mí y por eso no te debo nada.

En todo caso, hacemos cosas juntos.

Y estamos alegres por eso.

Fuego

*H*ay tres clases de personas.

Una que, cuando tiene frío, regala toda su ropa de abrigo.

Otra que, cuando siente frío, se pone su ropa de abrigo.

Y una tercera que, cuando siente frío, enciende un fuego para calentarse a sí misma y a todos aquellos que quieran disfrutar del calor.

La primera persona es suicida: se morirá de frío.

La segunda es un ser miserable y morirá solo.

La tercera es un ser humano normal, adulto y egoísta (de hecho, enciende el fuego porque él tiene frío).

Yo quisiera ser alguien que encienda miles de fuegos y, más aún, quiero ser el que enseñe a miles de hombres a encender fuegos.

Rebelión

Y de pronto, el timbre sonó.

—¿Estás ahí? —escuché—. ¡Es la hora!

—Ya voy —contesté automáticamente.

—Ya es tarde. Abre la puerta.

Estaba harto. Pensé en agarrar el martillo y hacerlo.
Con un poco de suerte podría, de un solo golpe,
terminar con el incesante martirio. Sería maravilloso.
No más controles. No más urgencias. No más cárcel.
Tarde o temprano todos se enterarían de lo que hice.
Tarde o temprano alguien se animaría a imitarme.
Y después… quizás otro… y otro… y muchos otros
tendrían el coraje de hacerlo. Una reacción en cadena
que permita terminar para siempre con la opresión.

Deshacernos definitivamente de ellos. Deshacernos
de ellos en todas sus formas.

Pronto me di cuenta de que mi sueño era imposible.
Nuestra esclavitud parece ser, a la vez, nuestra
única posibilidad. Nosotros hemos creado a nuestros
carceleros, y ahora sin ellos la sociedad no existiría.
Es necesario que lo admita, ¡ya no sabríamos vivir sin
relojes!

Sin querer saber

Y si es cierto que has dejado de quererme, yo te pido, por favor, ¡que no me lo digas! Necesito por hoy todavía navegar inocente en tus mentiras. Dormiré sonriendo y muy tranquilo. Me despertaré bien temprano por la mañana. Y volveré a hacerme a la mar, te lo prometo. Pero esta vez, sin atisbo de protesta o resistencia, naufragaré por voluntad y sin reservas en la profunda inmensidad de tu abandono.

Agua

Soy el agua de la lluvia. Caigo sobre los sembradíos. Las plantas, a las que calmo la sed, me aman. Me ama la tierra a la cual mantengo viva y fértil. Me aman los seres humanos que viven en esa tierra y de esa tierra. Me odian los veraneantes de la playa, me odian los animales desamparados que vagan por las calles.

Soy el agua en un estanque. Aquí estoy, esperando ser utilizada. Sirvo para refrescar a los campesinos y para bañar a los animales. No soy apta para beber porque estoy sucia y contaminada. Demasiado tiempo quieta.

Soy el agua de las lágrimas de un niño.

Soy la expresión más auténtica de la emoción, soy el reclamo de los únicos afectos incondicionales. Soy el símbolo de la alegría y de la pena.

Soy el agua de un río caudaloso.

Soy el hogar de miles de peces, soy el movimiento de la naturaleza, soy el ruido del bosque y la pradera. Soy el dulce que será sal mañana, cuando llegue al mar.

Soy el agua de una fuente cristalina, soy la bañera de un montón de pajaritos, soy el trago que calma la sed del caminante, soy la transparencia de la claridad del día. Soy el símbolo más claro del fluir y de la vida.

A veces soy vapor y a veces hielo. Y, en todas estas formas de ser, soy útil, soy inútil y hasta a veces soy dañina. Porque nunca trato de ser lo que no soy. Porque admito ser la parte y no el todo. Porque soy muchas cosas y una sola. Porque no soy más de lo que soy. Pero tampoco menos.

Regalos para el maharajá

Un maharajá con fama de sabio cumplía cien años. El acontecimiento fue recibido con gran alegría, ya que todos querían mucho al gobernante. En el palacio se organizó una gran fiesta para aquella noche y se invitaron a poderosos señores del reino y de otros países.

El día llegó y una montaña de regalos se amontonó en la entrada del salón, donde el maharajá saludó a sus invitados. Durante la cena, pidió a sus sirvientes que separaran los regalos en dos grupos: los que tenían remitente y los que no se sabía quién los había enviado.

A los postres, el rey mandó traer todos los regalos en dos montañas: una que contenía cientos de grandes y costosos regalos, y otra más pequeña, con una decena de presentes. El maharajá comenzó a tomar regalo por regalo de la primera montaña y fue llamando a los que lo habían enviado. A cada uno lo hacía subir al trono y le decía:

—Te agradezco tu regalo, te lo devuelvo y estamos como antes —y le devolvía el regalo, no importaba cuál fuera.

Cuando terminó con esa pila, se acercó a la otra montaña de regalos y dijo:

—Estos regalos no tienen remitente. Éstos sí los voy a aceptar, porque no me obligan y a mi edad no es bueno contraer deudas.

El leñador tenaz

*U*n leñador se presentó a trabajar en una maderera. El sueldo era bueno y las condiciones de trabajo mejores aún; así que el leñador se decidió a causar buena impresión.

El primer día se presentó ante el capataz, quien le dio un hacha y le designó una zona. El hombre, entusiasmado, salió al bosque a talar. En un solo día cortó dieciocho árboles.

—Te felicito —le dijo el capataz—, sigue así.

Animado por las palabras del capataz, el leñador se decidió a mejorar su propio desempeño al día siguiente; así que esa noche se acostó bien temprano. Por la mañana se levantó antes que nadie y se fue al bosque. A pesar de todo el empeño, no consiguió cortar más que quince árboles.

—Me debo de haber cansado —pensó y decidió acostarse con la puesta del sol.

Al amanecer, se levantó decidido a batir su marca de dieciocho árboles. Sin embargo, ese día no llegó ni a la mitad. Al día siguiente fueron siete, luego cinco y el último día estuvo toda la tarde tratando de tirar a tierra su segundo árbol. Inquieto por lo que pensaría el capataz, el leñador se acercó a contarle lo que le estaba pasando y a jurarle y perjurarle que se esforzaba al límite de desfallecer. El capataz le preguntó:

—¿Cuándo afilaste tu hacha la última vez?

—¿Afilar? No he tenido tiempo de afilar, he estado muy ocupado cortando árboles.

Fresias

Un rey que amaba las plantas y las flores, al regresar de un largo viaje decidió caminar un poco por su jardín. Recordaba que había dejado instrucciones precisas a los jardineros para el cuidado de cada planta. Sin embargo, descubrió con tristeza que sus árboles, arbustos y flores, muchos de los cuales había plantado él mismo con mucho trabajo, se estaban muriendo. Con angustia, les preguntó qué les pasaba. El roble le dijo que se moría porque no podía ser tan alto como el pino. El pino agonizaba lamentándose de no dar uvas como la vid. En la pérgola, la vid se moría de rabia porque no podía florecer como la rosa; mientras, la rosa lloraba por no poder ser fuerte como el roble. También el rey sintió que tenía ganas de llorar. Entonces, en el rincón más lejano del jardín, vio un montón de flores creciendo, de todos los colores y rebosantes de salud y energía. El rey se acercó y encontró a las fresias floreciendo más frescas que nunca. El rey preguntó:

—¿Cómo es que crecen tan saludables, alejadas de la fuente y posiblemente olvidadas de los cuidados de mis jardineros?

Las flores contestaron:

—¡Quién sabe! Nosotras siempre supusimos que cuando nos plantaste, querías que fuéramos fresias. Si hubieras querido un roble o una rosa, habrías plantado aquí una rosa o un roble. En aquel momento supimos que nuestra manera de agradecerte la vida era ser las mejores fresias que pudiéramos llegar a ser. Y eso hicimos.

A mis amigos y familia y en especial a mis
hijas Cala y Mirta por su comprensión.
— Marga —

© 2017, Jorge Bucay

© 2017, Marga García Vila (por las ilustraciones)

© 2017, Editorial del Nuevo Extremo S.L.

D. R. © 2017, Editorial Océano de México, S.A. de C.V.
Eugenio Sue 55, Col. Polanco Chapultepec
C.P. 11560, Miguel Hidalgo, Ciudad de México
Tel. (55) 9178 5100 • info@oceano.com.mx

Primera edición en Océano: 2017

ISBN: 978-607-527-264-1

Diseño y composición: Carla Rossignoli

Impresión: Impregráfica Digital, S.A. de C.V.

Impreso en México / Printed in Mexico